AF357808

La Halle aux Baisers

Monologue en Vers

DIT PAR

Mlle REICHEMBERG

de la Comédie-Française

Dessins de Willette

Prix : UN Franc

PARIS

PAUL OLLENDORFF, ÉDITEUR

28 bis, RUE DE RICHELIEU, 28 bis

La Halle aux Baisers

MONOLOGUE EN VERS

A. MELANDRI

La Halle aux Baisers

MONOLOGUE EN VERS

Dit par Mlle REICHEMBERG

de la Comédie-Française

DESSINS DE WILLETTE

PARIS

PAUL OLLENDORFF, ÉDITEUR

28 *bis*, RUE DE RICHELIEU, 28 *bis*

1883

Tous droits réservés.

La Halle aux Baisers

L'Enfant-Dieu qui préside aux tendres rendez-vous,
Prenant ma main, me dit : « Madame, voulez-vous
      Venir visiter mon royaume ?
— Partons ! » Et nous voici dévorant les chemins,
Rapides, pour parler la langue des humains,
      Comme des chevaux d'Hippodrome.

Laissant bien loin de nous la grand'ville, Paris,
Nous volions, escortés par les Jeux et les Ris,
(Les pleurs aussi....prêts à s'épandre ;)
Je sentais que mon cœur battait en désarroi
Alors que, suspendue au bras du joli roi,
J'entrai dans le pays du Tendre.

— « Regarde! dit Éros; c'est " La Halle aux baisers."
» Lorsqu'on sent des désirs l'un par l'autre aiguisés,
» On y vient. J'ai pour chaque peine
» Un baiser spécial plus doux que le velours,
» Caressant et léger, fine fleur des mamours.
» Tu vois? Ma demeure en est pleine...

» Or va, tourne, reviens et circule à loisir,
» Grapille, chippe, prends : c'est à toi de choisir.
» Tu peux piller mes étalages.
» Reine pour tout un jour, à toi l'avide essaim,
» Avec leurs aiguillons s'ébattant sur ton sein,
» Des caresses folles ou sages.

» À toi le bec béant, qu'aux jours du renouveau,

» La colombe amoureuse offre a son tourtereau,

    » Le doux bacio d'Italie,

» Le Kiss anglais, si long, qu'on meurt en lè donnant,

» Et celui que ravit l'insecte bourdonnant

    » A la rose de mai jolie! »

Il avait disparu. — Je m'avançai d'un pas...

Hélas! Je crus marcher au-devant du trépas :

    Sifflant comme un nœud de vipères,

Je vis, dragons-gardiens du seuil éblouissant,

Le baiser de Judas, horrible, se dressant,

    Et le baiser des belles-mères.

J'eus peur ! il en venait par les quatre chemins

De toutes les couleurs ; solennels baise-mains

Des galantins faisant la roue,

Baisers d'amour vendus, honteux d'un tel affront,

Baisers d'ami, baisers de prêtre, sur le front,

Baisers de frère, sur la joue.

Celui que la promise accorde au fiancé,
Un baiser tout de blanc et d'azur nuancé
— Couleur de ciel et de nuages —
M'apparut, évoquant à mes yeux attendris
Les serments emportés par les ans défleuris,
Doux rêves passés... ô mirages!

A côté, j'admirai, teint d'un rose éclatant
Le baiser alangui, fiévreux, inquiétant,
Qui s'attarde, revient, lutine,
Lorsque, — la marguerite étoilant les prés verts, —
Musette, en folâtrant découvre le revers
De sa robe de mousseline.

Et, tout auprès, je vis les baisers empourprés,
Plus rouges que les plis des étendards sacrés
    Ou que la robe des cerises ;
Plus rouges que la mer aux baisers du soleil ;
Plus rouges que la rose ouvrant son cœur vermeil,
    Pâmée aux caresses des brises.

Or, comme je frôlais leurs doux nids apaisés,
Voilà que j'ameutai ces essaims de baisers,
    Vrai réveil d'oiseaux à l'aurore :
Car, me couvrant partout, avec de jolis bruits,
D'un vol audacieux, tous ces croqueurs de fruits
    Semblaient crier : Encore, encore!...

Espérant échapper, je courus me blottir
Dans un coin où venaient chanter et retentir
    De vieux airs enfantins et mièvres...
O surprise, o bonheur ! J'étais chez les bébés :
Leurs gros baisers offerts, et jamais dérobés,
    Tout joyeux me sautaient aux lèvres.

— « C'est à toi de choisir, » avait dit Cupidon,

Mon choix est fait. Messieurs, je demande pardon

Pour la fin de cette équipée :

Mais, de tous les baisers, certes, le plus charmant,

C'est celui que bébé garde pour sa maman,

Et puis... celui de sa poupée.

MONOLOGUES

Paris. — Imp. Raoul Bonnet et Cie, 38, rue de Châteaudun.